MESSAGE PRÉSIDENTIEL

MESSAGE

ADRESSÉ AU

CONGRÈS NATIONAL

PAR LE

Maréchal Floriano Peixoto

Vice-Président de la République des États-Unis du Brésil

À L'OCCASION DE L'OUVERTURE DE LA I.ʳᵉ SESSION
ORDINAIRE DE LA 2.ᵉ LÉGISLATURE

Rio de Janeiro

Imprimerie LEUZINGER — rue d'Ouvidor 31 & 36

1894

Messieurs les Membres du Congrès National.

Au moment où vous allez commencer les travaux de la deuxième Législature, je dois, obéissant au précepte constitutionnel, vous rendre compte des graves événements survenus depuis le 6 septembre, et qui ont si profondément ému l'esprit public, ordinairement disposé à la tranquillité et à la paix.

A l'exception des incursions de bandes armées qui, prétendant représenter un parti politique, continuaient à désoler le sol hospitalier du Rio-Grande, on eût dit que notre situation était normale; le Congrès fonctionnait regulièrement; et, si les conditions économiques du pays n'étaient pas complètement favorables, tout faisait pressentir que, une fois la période des agitations passée, il allait entrer dans une phase de stabilité et de prospérité.

Il existait, il est vrai, des rumeurs sourdes provenant d'ambitions et dépits mal contenus; mais le gouvernement, bien que se tenant sur ses gardes, était loin de supposer que leurs effets dussent faire explosion avec une telle intensité.

Ce ne fut donc pas sans surprise que, le matin du 6 septembre 1893, il se trouva en face d'une révolte disposant d'éléments puissants. Abusant du prestige dont il jouissait chez quelques-uns de ses camarades et s'alliant à des individus avec lesquels il semblait inconciliable, un officier général de la Flotte — le contre-amiral Custodio José de Mello — traîtreusement, au milieu des ténèbres de la nuit, s'empara des navires de guerre à l'ancre dans le port de cette capitale, ainsi que de toutes les embarcations nationales de propriété particulière; et, avec les éléments ainsi obtenus, s'érigea en arbitre des destinées de la Patrie et se jugea en droit d'intimer le Chef du Pouvoir Exécutif à déposer, sans doute à son propre profit, l'autorité qu'il représentait légitimement.

Une prétention si insolite fut repoussée *in limine*; et depuis lors, cette ville et celle de Nitheroy ont commencé à sentir les horreurs de bombardements continuels, dirigés par un homme qui, sans appui dans l'opinion publique, cherchait à l'émouvoir par des actes de la pire perversité.

Ce fut sous l'atmosphère asphyxiante de ces jours de deuil que le Congrès National termina les travaux de la première Législature, après avoir décrété l'état de siège et formulé patriotiquement ses vœux pour le rétablissement de la paix. Il n'y avait pas de temps à perdre; mon cœur saignait à l'idée de voir ainsi rompus les liens de la fraternité dans la famille brésilienne, par l'effet de la haine, de l'ambition et de la vanité; mais mon devoir était de réagir, non seulement pour la dignité de ma charge, mas encore pour le bien général de la République. Je craignis d'abord que le cosmopolitisme, dissous dans la dignité de l'âme nationale, n'eût affaibli sa cohésion et ses vertus civiques. Mais je me convainquis bientôt du contraire: du Nord, du Sud, de tous les points du Brésil, le patriotisme éclata avec une force plus que suffisante pour sauvegarder la République sérieusement menacée; des représentants des ateliers et des écoles, de l'agriculture et du commerce, de toutes les classes sociales, enfin, coururent prendre les armes, et les dévoûments se multiplièrent pour défendre le Gouvernement et soutenir la Loi. Je vis que j'avais à côté de moi la Nation, et qu'il m'incombait de maintenir intact le principe de l'autorité, même au prix des plus grands sacrifices.

Ces événements sont tout récents; pour mieux les faire comprendre, il faut les relier à leurs antécédents historiques, encore présents à la mémoire de tout le monde.

Les derniers jours du Gouvernement de mon prédécesseur s'étaient écoulés dans la tristesse et l'inquiétude. La politique d'alors, ayant fait divorce avec l'esprit démocratique et la loi, vint, de faute en faute, aboutir au coup d'Etat du 3 novembre; la dictature pleine et entière fut déclarée, la Constitution déchirée, le Congrès National dissous.

C'est de cette semence féconde de crimes, que sont sortis les maux, qui viennent d'affliger la Patrie; et plusieurs des hommes, qui ont pris une part importante à ce crime originel, ont également figuré dans les événements postérieurs.

Une certaine solidarité, tantôt manifeste, tantôt occulte, indique un courant de rébellion criminelle: la révolte du 20 janvier 1892, à la forteresse de Santa Cruz, et celle du 10 avril de la même année, dans les rues de cette ville, toutes deux étouffées aussitôt, sont les indices les plus significatifs du vaste plan de ruine par lequel on voulait renverser la République. Il entre dans ce plan divers éléments: aux faux républicains et conspirateurs de 1892 se sont joints des renforts amenés par le dépit et par l'indiscipline; — les spéculateurs de la bourse, avides de réparer leurs pertes, au prix même de la perte, pour eux indifférente, de la Patrie; quelques officiers de marine séduits par un chef, sorti depuis peu du Gouvernement, qui avait réprimé les premiers actes de conspiration; un autre haut représentant de la classe navale, jusque-là ennemi personnel et politique du premier et partisan de la restauration—et tous ces éléments, de nature hétérogène, se sont fondus, par la pensée et l'action, dans le parti des prétendus *fédéralistes* du Rio-Grande do Sul, messagers de pillage et de carnage, obéissant aux ordres d'un ancien ambitieux politique, que l'avénement de la République a privé des privilèges, dont il avait eu l'habilité de s'assurer la jouissance sous le régime déchu. Dans un tel amalgame de haines, de dépits et d'égoisme, le comble de l'ignominie c'était l'idée perverse de faire revenir la Patrie au joug monarchique, qu'elle avait secoué le 15 novembre 1889. Cette intention, à peine ébauchée d'abord, devint chaque jour plus manifeste, jusqu'à ce que la criminelle neutralité d'un fonctionnaire de la confiance du Gouvernement la transformât en trahison définitive.

C'est alors que l'âme de la Patrie tressaillit d'indignation; et, comme par enchantement, surgirent des légions accourant garder l'image sacrée de la République. Devant cette expansion de la conscience nationale en faveur des institutions, les révoltés virent sans doute l'inefficacité de leurs tentatives; et, s'ils étaient déjà criminels sous le drapeau arboré le 6 septembre, alors qu'ils se prétendaient les libérateurs de la Patrie, les défenseurs de la Constitution, leur crime s'accrut encore quand ils déployèrent leur nouveau drapeau, avec le but clairement exprimé dans le manifeste que lança le contre-amiral Saldanha, en donnant au chef de la révolte le concours des troupes et de places de guerre, qui jusqu'à ce moment se disaient *neutres*.

Mais les bonnes causes, celles qui s'appuient sur la Raison et sur la Loi, résistent aux attaques les plus violentes et finissent le plus souvent par triompher: pendant six longs mois les habitants de Rio et de Nitheroy ont assisté, pleins d'anxiété, au terrible duel engagé entre les forces légales et les forces révoltées; pendant six longs mois, la mort a plané sur les deux villes, moissonnant des existences précieuses dans la population désarmée; enfin, repoussés constamment dans leurs tentatives de débarquement, tant ici qu'à Nitheroy, les révoltés, découragés, ont renoncé à la lutte et évité le combat décisif, que les troupes légales leur ont franchement et publiquement offert le 13 mars de cette année.

Il n'ont pas eu la suprême vertu des héros: fuyant la punition de leurs crimes, ils sont allés se réfugier à bord de deux navires de guerre portugais, alors ancrés dans le port.

Messieurs les Membres du Congrès. Ce dénoûment inattendu, bien qu'entraînant comme conséquence la victoire du Gouvernement, a frappé d'un cruel coup mon coeur de brésilien et de soldat; car il n'indique rien moins qu'un profond abaissement du caractère national et représente un fait anormal dans notre histoire militaire, si riche en actes d'héroïsme et d'abnégation!

Il m'a fait peine de voir, ce jour-là, des officiers de mon pays aller ainsi, en attitude honteuse et suppliante, demander protection au drapeau d'une autre nationalité, dans les propres eaux de leur patrie et, ce qui est plus triste, abandonnant de malheureux marins, instruments inconscients de leurs fautes et de leurs ambitions.

Une fois la révolte dans le port de Rio-de-Janeiro subjuguée, le Gouvernement s'est immédiatement occupé d'activer les opérations de guerre, indispensables pour délivrer les états de Paraná, de Santa-Catharina et de Rio-Grande de l'oppression des envahisseurs; à cette fin, en même temps que pénétraient dans l'intérieur du Paraná les forces organisées à Itararé, il a fait partir pour les mers du Sud l'escadre légale, placée sous les ordres du vaillant amiral Jeronymo Francisco Gonçalves.

Informés, sans doute, de ces dispositions et certains d'une déroute, les révoltés ont commencé à évacuer les états de Paraná et de Santa-Catharina et sont allés risquer un dernier coup contre la ville de Rio-Grande, près de laquelle, après cinq jours de lutte acharnée, ils ont été complétement battus par des forces très inférieures en nombre, commandées par le brave général Bacellar.

Acculé de tous côtés et, paraît-il, à bout de ressources, le chef de la révolte, après avoir jeté sur la côte de la république de l'Uruguay un grand nombre de ses auxiliaires, a été, avec le reste de ses forces et les navires dont il s'était emparé, demander la protection du Gouvernement Argentin, qui la lui a accordée. Pendant que ces événements se passaient dans le Sud, l'escadre légale arrivait à Santa-Catharina, et dans un combat livré au goulet du *Norte*, réussit à couler, la nuit du 16 avril, le cuirassé *Aquidaban*, devenu si tristement fameux.

C'est donc la glorieuse Marine de Guerre Nationale, si compromise par quelques uns de ses membres, qui a porté le dernier coup à cette révolte, en lui enlevant le plus puissant élément d'action, dont elle disposait.

L'Etat de Santa-Catharina une fois complètement délivré, comme son Gouvernement avait fait cause commune avec les révoltés et partagé leur fuite, j'ai fait partir pour cette destination, en qualité de gouverneur provisoire, le colonel de l'armée Antonio Moreira Cesar, afin de pourvoir à la réorganisation de L'Etat.

Au Paraná, le gouverneur respectif, qui s'était vu forcé, devant l'envahissement des rebelles, d'abandonner la capitale, actuellement réoccupée par les forces du Gouvernement, a été déjà remis en possession de sa charge.

On peut donc considérer la révolte comme terminée, puisqu'elle se trouve réduite à quelques groupes dispersés et fugitifs, qui pourront facilement être battus.

Telles sont, Messieurs les Membres du Congrès, les grandes lignes générales de la filiation et de la succession des faits, qui viennent d'avoir lieu.

Je dois maintenant me référer à un événement d'une extrême gravité, qui se lie directement aux faits, que je viens de rapporter.

Vous savez déjà que la révolte de l'escadre, commencée dans ce port le 6 septembre 1893, s'est terminée le 13 mars dernier par l'abandon de la lutte de la part du contre-amiral Saldanha da Gama, qui s'est réfugié, avec 492 rebelles, à bord des corvettes portugaises *Mindello* et *Affonso d'Albuquerque*, lesquelles se trouvaient ici pour protéger les sujets de Sa Majesté Très Fidèle. Dans le rapport du Ministère des Relations Extérieures, qui vous sera adressé en temps opportun, vous trouverez les détails de cet événement extraordinaire. Je dis extraordinaire, parce que le commandant de la division navale portugaise, abusant du droit dit d'asile, l'a accordé en des circonstances lui donnant incontestablement le caractère d'une offense à la souveraineté nationale.

L'escadre révoltée qui, pendant plus de six mois, d'abord livrée à ses seules ressources et ensuite avec le renfort des forteresses de *Villegaignon* et de l'île *das Cobras*, a bombardé journellement et impunément les forteresses du goulet et la ville de Nitheroy, et souvent Rio-de-Janeiro, se trouvait, le 13 mars, cernée par ces forteresses, par les batteries de Nitheroy, par celles de Rio et par l'escadre du Gouvernement, qui lui barrait la sortie. C'est au milieu de ce cercle de feu, dans l'intérieur de la baie, au moment de l'action, que le commandant des forces navales portugaises s'est jugé en droit de donner refuge aux rebelles et de protéger ainsi leur retraite, impossible autrement. Il n'a pas donné sa protection à quelques révoltés seulement, mais à 493 hommes des garnisons des deux forteresses et des équipages des navires capturés, qui pouvaient encore opérer contre le Gouvernement du pays.

Je ne pouvais sanctionner de mon silence un procédé

si offensant, ni même me borner à une simple protestation. J'ai réclamé la remise des réfugiés, non que je comptasse l'obtenir, mais parce que j'avais droit de l'exiger, en laissant au Gouvernement Portugais la responsabilité des conséquences de son refus.

Une fois l'asile accordé aux révoltés, ce dernier Gouvernement avait le devoir de prendre des mesures pour qu'ils ne pussent renouveler les hostilités contre le Gouvernement de leur pays ; et c'est ce qu'il a promis, en donnant l'assurance que les rebelles ne débarqueraient pas en territoire étranger. Cependant les deux corvettes se sont rendues au Rio da Plata, et les réfugiés ont débarqué sur le territoire argentin pour faire quarantaine, j'ignore si c'est avec l'assentiment du commandant portugais ou non. Ce qui est certain, c'est qu'ils ont débarqué et je suis informé que plus de deux cents d'entre eux se sont évadés sur le territoire de la République de l'Uruguay, avec l'intention, peut-être, d'aller se réunir à leurs alliés du Rio Grande do Sul.

J'ai la satisfaction de vous communiquer que nous continuons à maintenir les meilleures relations avec les puissances étrangères ; quant au Portugal, le Gouvernement portera opportunément à votre connaissance la solution de l'incident dont je viens de m'occuper.

Il a déjà été remis au Président des Etats-Unis de l'Amérique les expositions et les documents à l'appui des droits que le Brésil et la République Argentine croient avoir au territoire des Missions. Attendons sa décision.

Je vous informe avec regret que de la part de quelques-uns de nos représentants à l'étranger, il n'y a pas eu, pendant la révolte, la sollicitude qu'on en devait attendre, quand il s'agissait des intérêts vitaux de la République.

D'accord avec l'opinion, généralement manifestée, qu'il n'y aurait aucun inconvénient à attendre une époque moins agitée et moins remplie d'alarmes pour convoquer les citoyens aux urnes ; et prenant en considération la suspension des garanties constitutionnelles par suite de l'état de siège, l'impossibilité où se trouvaient un grand nombre d'électeurs de déposer leurs votes, les limitations indispensables mises à la liberté de la presse, et autres circonstances mentionnées dans les décrets n.º 1.574 du 20 octobre et n.º 1.608 du 15 décembre derniers, j'ai pris la délibération d'ajourner les élections générales, qui se sont effectuées le 1.er mars, en même temps que celles du Président et du Vice-Président de la République, à Rio-de-Janeiro et dans les Etats, à l'exception seulement de ceux de Rio-Grande-do-Sul, de Santa-Catharina et de Paraná. Il a été promulgué dans ce but les instructions du décret n.º 1.668 du 7 février de cette année, avec les altérations marquées par la loi n.º 184 du 23 septembre 1893.

Parmi les mesures de caractère législatif dont l'urgence est reconnue, je dois indiquer à votre attention éclairée celles qui concernent : les réformes à opérer en quelques points de notre organisation judiciaire, principalement dans le District Fédéral ; la réforme du système pénitentiaire, consistant surtout à remettre l'archipel de Fernando de Noronha sous la juridiction fédérale ; l'uniformisation des lois relatives à la Garde Nationale, qui a rendu dernièrement de si importants services ; la systématisation des dispositions sur la naturalisation ; la réglementation des textes constitutionnels quant à la perte et à la réacquisition des droits politiques ; l'expropriation pour cause d'utilité fédérale ; l'état civil des naissances et des décès ; l'interprétation formelle de la disposition relative au cumul rémunéré de fonctions publiques, et l'indication des cas où doivent être accordés des secours pécuniaires aux Etats dans l'intervalle des sessions législatives, lorsque le besoin en est urgent, ainsi que le mode d'opérer en cette circonstance.

Les conditions sanitaires de cette capitale, qui ont encore empiré au commencement de l'année, où l'épidémie, aujourd'hui heureusement disparue, a pris tout-à-coup un caractère alarmant, conseillent l'adoption de mesures ayant pour but de mettre la municipalité à même de s'occuper, comme elle le doit, de l'assainissement de la ville, car il est évident que les grandes améliorations matérielles dont a besoin la Capitale de l'Union Brésilienne ne peuvent être exécutées avec les seules ressources du budget municipal.

Vous trouverez sur tous ces sujets des informations détaillées dans le rapport du Ministère respectif.

Le Gouvernement a publié les règlements indispensables pour le fonctionnement des administrations fédérales du service sanitaire terrestre et des ports; il appartient maintenant à votre sagesse de les amplifier dans la partie qui échappe à la compétence du Pouvoir Exécutif, de manière à compléter l'organisation de ces appareils administratifs.

L'instruction publique, distribuée par les établissements d'enseignement officiel et par d'autres établissements dus à l'initiative particulière, fait des progrès sensibles.

Un des externats du Gymnase National se trouve déjà converti en internat, conformément à la loi récemment votée.

Un assez grand nombre de fonctionnaires fédéraux, tant dans cette Capitale que dans les États, se sont montrés partisans de la révolte; le Gouvernement en a les preuves et il s'occupe de donner à la République de meilleurs serviteurs.

Malheureusement, les effets désastreux de la révolte se sont faits sentir avec une intensité extraordinaire dans notre légendaire et glorieuse Marine de Guerre : les choses sont arrivées à tel point, le sentiment de la *neutralité* s'y est tellement répandu, que le Gouvernement s'est vu obligé à faire appel au patriotisme d'un officier général en retraite, parce que, exception faite de ceux qui se sont franchement manifestés en faveur des institutions, tous les autres se sont dérobés à l'accomplissement de leur devoir, autorisant ainsi la présomption que la contagion de l'esprit de révolte avait gagné presque entièrement la Marine.

En face des dommages de toute sorte, matériels et moraux, que lui a causés cette situation, il est urgent de la réorganiser complètement, de coordonner les services qui lui sont propres, de la mettre, enfin, en état de continuer à prêter son important concours à la défense de la Patrie, de la Loi et de l'autorité constituée.

Dans ce but, je dois suggérer les mesures qui me paraissent convenables et qui sont les suivantes :

La fusion des laboratoires pyrotechniques de Campinho et de l'Armação ; de la pharmacie de l'hôpital de marine de cette Capitale et du laboratoire Chimico-Pharmaceutique Militaire ; des hôpitaux de l'armée et de la marine, et des Ecoles Navale et Militaire, qui devront fonctionner dans un autre édifice convenablement situé ;

L'extinction du Commissariat Général de la Flotte et du bataillon Naval, qui a passé en entier aux révoltés ;

Le transfert de l'Arsenal de Marine de Rio dans une localité mieux appropriée ;

La réorganisation de la station navale de Matto-Grosso, avec les services de défense indispensables en ce point extrême du territoire de la République ;

La réorganisation du Service de la Carte Maritime, en attribuant la partie météorologique à l'Observatoire Astronomique ;

La réorganisation des corps d'ingénieurs navals, de mécaniciens, de commissaires, et du corps sanitaire ;

La réforme des dispositions concernant la mise à la retraite obligatoire des officiers combattants et autres, ainsi que leur passage dans la réserve ;

La réforme du matériel naval endommagé par suite de la révolte, et la substitution complète de l'armement, dont le type devra se rapprocher le plus possible de celui de l'armée.

L'adoption de ces mesures aura non seulement pour résultat la réorganisation de la Marine Brésilienne, mais elle entraînera encore une économie considérable pour les coffres publics.

En conséquence, je sollicite l'autorisation nécessaire pour que le Gouvernement puisse promulguer les réformes ci-dessus mentionnées, dans les limites que fixera le Pouvoir Législatif.

L'Armée qui, par ses honorables antécédents, était digne déjà de la reconnaissance nationale, s'en est rendue encore plus digne par le rôle extrêmement important qu'elle a joué pendant la révolte.

Unie et patriotique, toujours obéissante à la loi, depuis le commencement de l'invasion du Rio Grande du Sud jusqu'à ce jour, elle s'est distinguée autant par sa résignation à supporter les souffrances, que par les exploits qu'elle a accomplis, parmi lesquels je citerai la levée du siège de Bagé, le combat de l'Armação, à Nitheroy et — glorieuse auréole d'un mort — l'héroïque défense de la ville de Lapa, dans l'état de Paraná.

Par les récits de la Presse, vous devez savoir ce que fut cette défense, où le vaillant général Gomes Carneiro a écrit la page la plus admirable, peut-être, de l'histoire militaire d'un peuple.

Je serais injuste si, après m'être rapporté à l'armée dans ces termes, je n'ajoutais qu'elle a eu comme auxiliaires et comme émules en bravoure et en discipline, différents corps de la Garde Nationale, de patriotes et de Police, principalement à Rio et dans les états de Rio de Janeiro, de Paraná, de São-Paulo et de Rio-Grande do Sul.

La révolte est venue montrer clairement que nous n'étions pas, et ne sommes pas préparés pour repousser promptement une agression interne, et encore moins une agression étrangère; comme je considérerais un crime de lèse-patriotisme de laisser nos ports et nos frontières dans le lamentable état d'abandon où ils sont restés jusqu'ici, je viens d'ouvrir sous ma responsabilité un crédit extraordinaire de 3.000 contos de reis, pour entreprendre des réparations si urgentes, et j'espère que vous ne lui refuserez pas votre approbation.

Le Gouvernement a déjà commencé la transformation du système d'armement des trois armes de combat, afin de placer l'armée nationale en des conditions analogues à celles des armées des autres nations de l'Amérique du Sud.

Le rapport du Ministre et Secrétaire d'Etat de la Guerre, qui vous sera remis en temps opportun, rend compte de diverses mesures déjà en exécution et en indique plusieurs autres que je vous recommande et dont le besoin est reconnu.

Le 1.er mai de l'année dernière a eu lieu, à la date annoncée, l'ouverture de l'Exposition Universelle Colombienne de Chicago, qui a été close le 30 septembre.

L'exposition générale du Brésil a été un véritable succès dans tous les sens, ainsi que le prouve le grand nombre de récompenses accordées. Cet heureux événement contribuera, j'en suis convaincu, à développer les relations commerciales entre les deux Républiques.

Le service d'introduction d'immigrants continue à être fait par la *Companhia Metropolitana*, conformément au contrat conclu le 2 août 1892. Malgré les difficultés occasionnées l'année passée par l'apparition du choléra en divers points de l'Europe et par la révolte, qui a entravé les communications maritimes, il est entré par le port de Rio et celui de Santos 123.926 immigrants.

Usant de l'autorisation accordée par le décret législatif n. 191 du 11 octobre 1893, le Gouvernement vient de promulguer le nouveau règlement pour le service des postes de la République, après avoir préalablement expédié celui des Télégraphes, d'accord avec les dernières lois votées. Afin d'uniformiser le service postal, qui est le même dans tous les pays, à l'exception de cas particuliers relatifs à l'organisation de quelques courriers, on a pris en considération dans ce travail les aspirations de l'Union Postale Universelle, dont les efforts tendent au développement d'un service d'une importance si considérable pour les nations civilisées.

Les événements survenus depuis le mois de septembre ayant causé l'interruption du service régulier sur les lignes du Nord et du Sud, à la charge de la compagnie *Lloyd Brazileiro*, le Gouvernement, désireux de favoriser autant que possible les relations commerciales desservies par la même compagnie, a promulgué le décret n. 1.624 du 29 décembre 1893, sur lequel a été basé le contrat provisoire conclu postérieurement. Par cette convention, le *Lloyd* s'est engagé à effectuer trois voyages mensuels, au compte du Gouvernement Fédéral, entre les ports de Bahia e de Manaos, avec les escales primitives, et un voyage de Montevideo à Matto-Grosso, moyennant la subvention de 80 contos de reis par mois pour les voyages du Nord, et de 45 contos de reis pour le voyage du Sud.

Il devient urgent de régulariser le réseau des voies ferrées de l'Union Brésilienne ; c'est, à mon avis, une question d'une grande portée, tant pour la défense de nos frontières qu'au point de vue du développement de la richesse publique.

Pendant l'année il a été cassé plusieurs concessions de chemins de fer, avec ou sans garanties d'intérêts, qui sont tombées en caducité.

Ce service s'est développé considérablement, par l'ouverture à l'exploitation de diverses sections de chemins en construction et par le commencement des travaux de quelques autres chemins.

Il n'a pas encore été possible d'obtenir le fonctionnement régulier de la ligne de Porto-Alegre à Uruguayana, en raison de la persistance des causes qui ont troublé la marche de ses services, tant en ce qui regarde l'exploitation qu'en ce qui concerne la partie en construction.

Le chemin de fer Central du Brésil, malgré le travail excessif de ces derniers temps, a maintenu avec une louable régularité les services à sa charge.

Le Gouvernement réunit des éléments dans le double but d'effectuer la révision des tableaux d'appointements du personnel de tous les chemins de l'Union, conformement à ce que prescrit le n. VIII de la loi n. 191 B du 30 septembre 1893, et de réformer les règlements respectifs, dans le sens de leur uniformisation, en tenant compte des conditions spéciales de chaque Etat.

En ce qui regarde les autres chemins, leurs services ont été exécutés d'une façon satisfaisante.

Bien que l'approvisionnement d'eau de la Capitale Fédérale ait été augmenté de plus de 30.000 mètres cubes par jour, il est nécessaire de changer le règlement actuel afin de fournir de l'eau en abondance aux habitants au moyen d'une distribution plus méthodique, en évitant les pertes et en supprimant les grandes consommations qui, sans avantage hygiénique et sans égard à la topographie de la ville, empêchent la régularité de l'alimentation, en diminuant la charge nécessaire pour l'approvisionnement des points les plus élevés.

Les efforts employés dans le but d'obtenir les améliorations dont les ports de la République ont si grand besoin pour correspondre aux nécessités du commerce n'ont, malheureusement, pas été couronnés de succès. Les concessions faites dans ce sens, à l'exception des travaux du quai de Santos, qui se poursuivent au milieu de la crise économique que traverse le pays, n'ont pas encore donné, en dehors des études, de résultats dignes de mention. Quant aux services exécutés ou payés par le Gouvernement, leur avancement est contenu par les limites du budget.

Le contrat conclu le 13 septembre 1890 avec la *Société Anonyme Franco-Brésilienne des Travaux Publics*, pour la désobstruction du chenal du Rio-Grande do Sul, a été résilié à l'amiable le 23 octobre 1893. Les travaux seront désormais faits par administration, au moyen des fonds votés dans la loi du budget.

La statistique de la République continue à se faire d'une façon satisfaisante. Afin de mieux assurer les conditions d'égalité et d'uniformité nécessaires à cette branche du service public, le Gouvernement élabore actuellement un accord avec les divers bureaux de statistique des Etats.

On poursuit avec la rapidité désirable les travaux relatifs au Recensement, dont il sera, sans tarder, publié un volume, contenant une notice détaillée sur la population du District Fédéral. Il paraîtra ensuite un volume de tableaux synoptiques comprenant la population de toute la République, avec la division seulement par sexes, et où il sera fait la distinction des divers Etats et de leur division administrative respective. Enfin cette œuvre, la plus importante en ce genre qu'on ait encore entreprise au Brésil, sera complétée par la publication de volumes spéciaux, se référant à chacun des Etats de l'Union.

La commission chargée de délimiter la zone de 14.400 kilomètres carrés, destinée à l'établissement de la Capitale Fédérale, selon les termes de l'art. 3 de la Constitution, a fini ses travaux sur le terrain, et a présenté dans le cours de l'année dernière un rapport partiel, qui a été publié au *Diario Official* et imprimé, en outre, en brochure. On y trouve des données et des informations suffisantes pour pouvoir juger de cette zone, de sa position géographique, de son climat, de sa constitution géologique, de ses richesses naturelles, etc. Il sera bientôt présenté le rapport général, contenant l'exposition détaillée de tous les travaux effectués.

Dans l'exposition de motifs, remise à la Chambre qui a pris l'initiative de la mesure, conformément à l'art. 37, § 1 de la Constitution, vous verrez les raisons pour lesquelles j'ai refusé sanction au project de loi organique de la Cour de Comptes, approuvé par le Congrès lors de sa dernière réunion.

Vous savez bien que cette Cour peut parfaitement exercer le contrôle des deniers publics sans se constituer un obstacle à la marche régulière de l'administration, dont l'initiative, sortout en certaines circonstances exceptionnelles, doit être prompte et décisive.

Notre système de comptabilité publique, plein de lacunes et d'imperfections et qui se prête mal au simple contrôle parlementaire, demande à être réformé de manière à s'ajuster au nouvel appareil de contrôle financier, pour que nous ayons un mécanisme harmonique et bien équilibré dans ses applications.

La révision, dans le but de mieux distribuer les taxes, du système tributaire Fédéral, fortement défalqué par le transfert aux Etats de plusieurs sources de revenu, est une mesure qui s'impose et qui aura d'heureux effets, car la généralisation de l'impôt, d'une façon proportionnelle et équitative, à tous ceux qui peuvent le payer, diminuera les charges des contribuables, déjà tres onérés.

La pratique a démontré que les dernières réformes des services des Finances réclament des mesures complémentaires destinées à entourer la perception des recettes des garanties qui lui manquent.

La profonde perturbation que la révolte a apportée dans tout l'ordre social, politique et administratif, en entravant et même interrompant les communications entre cette Capitale et quelques Etats, explique et justifie amplement le défaut de données complètes sur les opérations de la recette et de la dépense pendant l'exercice 1892.

D'après les tableaux organisés dernièrement au Trésor, jusqu'au 31 mars de cette année, et ne comprenant pas les balances, qui manquent, des Etats d'Amazonas, de Piauhy, de Pernambuco, de Bahia, de São-Paulo, de Paraná, de Santa Catharina, de Rio Grande do Sul et de Goyaz, la récette vérifiée a été de 208,600:642$840 (deux cent huit mille six cent *contos*, six cent quarante deux mille huit cent quarante reis), et la dépense, de:............ 216,051:998$239 (deux cent seize mille cinquante et un *contos*, neuf cent quatre-vings-dix-huit mille deux cent trente-neuf reis) ; il y a donc eu un excédant de dépense de la valeur de 7,451:355$399 (sept mille quatre cent cinquante et un *contos*, trois cent cinquante-cinq mille trois cent quatre-vingt-dix-neuf reis) ; mais, si l'on déduit cet excédant de dépense de la valeur nette des dépôts, soit 18,694:994$397 (dix-huit mille six cent quatre-vingt-quatorze contos neuf cent-quatre vingt quatorze mille trois cent quatre-vingt-dix sept reis), il reste un solde de 11,243:638$998 (onze mille deux cent quarante-trois contos, six cent trente-huit mille neuf cent quatre-vingt-dix huit reis).

Il n'est pas possible, par conséquent, de démontrer le résultat exact des opérations dans les trois semestres de cet exercice, mais seulement d'indiquer le résultat le plus approximatif, au moyen de calculs de probabilité, basés sur les tableaux ci-dessus mentionnés.

La recette a été évaluée, par la loi n.° 126 A, du 21 novembre 1892, à 233,268:300$ (deux cent trente-trois mille deux cent soixante huit contos trois cent mille reis), chiffre qui doit nécessairement dépasser la recette réellement perçue, puisque, malgré les lacunes des données officielles, ainsi qu'il a déjà été dit, la recette connue se monte au total de 227,295:637$237 (deux cent-vingt-sept mille deux cent quatre-vingt-quinze contos, six cent trente-sept mille deux cent trente-sept reis), à peine inférieur à l'évaluation de la somme de 5.972:662$763 (cinq mille neuf cent soixante-douze contos, six cent soixante-deux mille sept cent soixante-trois réis).

Quant à la dépense, si l'on ajoute à la valeur de 197,308:750$416 (cent quatre-vingt-dix-sept mille trois cent huit contos, sept cent cinquante-mille quatre cent seize reis), prévue par la loi n.° 126 B de la même date la somme de 76,220:923$118 (soixante-seize mille deux cent vingt contos, neuf cent vingt-trois mille cent dix-huit reis), montant des crédits extraordinaires et supplémentaires, ouverts pour des dépenses imprévues et des services qui ne sont que provisoirement à la charge de l'Union, et dont elle sera remboursée en temps apportun, le chiffre total s'élève à la somme de 273,529:673$534 (deux cent soixante-treize mille cinq cent vingt-neuf *contos*, six cent soixante-treize mille cinq cent trente-quatre reis) qui, comparée avec la recette de 227,295:637$237 (deux cent vingt sept mille deux cent quatre-vingt quinze *contos*, six cent-trente-sept mille deux-cent trente-sept reis), déjà vérifiée, présente un *déficit* de 46,234:036$297 (quarante-six mille deux cent trente quatre *contos*, trente six mille deux cent quatre-vingt-dix-sept reis).

Mais, si l'on met en ligne de compte le résultat, sans aucun doute considérable, de la recette dans les neuf Etats ci-dessus mentionnés, et que l'on ne connait pas encore, faute des balances respectives, au nombre de 43, il est certain que ce *déficit* dans la liquidation de l'exercice diminuera dans une proportion considérable.

Pour la recette de l'exercice courant, à en juger d'après les recouvrements, déjà vérifiés, du premier trimestre, qui se montent à 46,054:390$967 (quarante-six mille cinquante-quatre *contos*, trois cent quatre-vingt-dix mille neuf cent soixante-sept reis), et en admettant que ceux du semestre additionnel ne resteront pas au-dessous de la somme de 17,350:390$964 (dix-sept mille trois cent cinquante *contos*, trois cent quatre-vingt-dix mille neuf cent soixante-quatre reis), qu'a produit la même période de l'exercice de 1892, il est permis de la calculer au minimum de 201,567:954$832 (deux cent un mille cinq cent soixante-sept *contos*, neuf cent cinquante-quatre mille huit cent trente-deux reis) car le chiffre du premier trimestre, pris comme terme de comparaison, se ressent de la diminution de l'importation et de la stagnation des marchandises dans les magasins, surtout de la douane de Rio, par suite des obstacles provenant des évènements politiques de cette époque.

Les intérêts supérieurs de l'ordre public et l'insuffisance de quelques-uns des fonds votés pour des services indispensables, et dont l'éxecution ne pouvait être retardée, ont créé pour le Gouvernement la nécessité absolue de recourir à l'ouverture des créditts suivants :

Justice et Intérieur..................	3,693:005$517
Relations Extérieures...............	214:191$692
Marine...................................	17,071:743$738
Guerre...................................	32,000:000$000
Industrie, Voies de communication et Travaux Publics......	22,184:182$171
Finances	1,057:800$000

(ensemble soixante-seize mille deux cent vingt contos, neuf cent vingt-trois mille cent dix-huit reis), comme vous le verrez dans les rapports des Ministères respectifs. Il convient de vous faire remarquer que l'Union doit être indemnisée de la valeur de quelques-uns de ces services.

En dépit des efforts employés par les révoltés afin d'empêcher le mouvement du commerce et de la Douane de cette Capitale, en bombardant les édifices où fonctionnent cette administration et ses dépendences, et en dirigeant leur fusillade sur les ouvriers qui y travaillaient, la perception des impôts douaniers et autres revenus publics n'a jamais cessé de s'effectuer, bien que sur une moindre échelle.

C'est avec satisfaction que je vous informe que le Gouvernement a pourvu aux dépenses extraordinaires et urgentes, imposées par la révolte, en usant des ressources strictement nécessaires, sans recourir à des emprunts, et sans s'écarter des règles établies par la législation du pays.

Dans le but de relever le crédit national, en réduisant chaque fois d'aventage l'émission, déjà unifiée a la Banque de la République du Brésil, il est convenable que vous décrétiez des mesures tendant au rachat graduel de cette émission et à l'équilibre du budget.

Pour protéger et développer les industries — principalement l'industrie agricole, celle qui contribue le plus à la richesse publique — je vous rapelle la convenance de décréter, relativement aux institutions de Crédit Foncier, des mesures qui leur permettent de satisfaire plainement à leur objet.

Une fois la paix complètement rétablie en conditions de stabilité, comme il est permis de l'espérer dans un avenir très rapproché, le Trésor s'allègera necessairement du poids de ses charges actuelles, grâce à la richessse inépuisable du pays, pourvu que les sources de recette soient fécondés par des mesures patriotiques, que l'on s'efforce de développer l'activité nationale dans ses manifestations multiples, et que l'on offre un emploi rémunérateur au capital sous des garanties sérieuses.

Messieurs les Membres du Congrès. — Vous trouverez probablement plusieurs lacunes dans le présent message, qui ne peut manquer de se ressentir de l'influence de la révolte et des embarras causés par elle.

Dans les cours de la session, je vous communiquerai par des messages spéciaux les mesures auxquelles le Gouvernement a dû avoir recours pour maintenir, comme il le fallait, en toute sa plénitude, la force de la loi, le prestige de l'autorité. Quelles que soient, d'ailleurs, les informations dont vous ayez besoin, je serai toujours prêt a vous les fournir, de la manière la plus complète possible.

Messieurs les Membres du Congrès. — Avant de rentrer dans l'obscurité, d'où m'a tiré la bienveillance du Congrès Constituant, je dois vous révéler une triste vérité. Pendant la révolte, le Pouvoir Public a trouvé parfois son action gênée par des prétentions mal fondées, des exigences exorbitantes, qui n'auraient peut-être pas surgi en d'autres circonstances.

Je crois en avoir assez dit pour vous faire comprendre la nécessité de mettre le Brésil en conditions d'être respecté comme il doit l'être et comme l'exige sa position dans le continent américain.

Je termine en vous remettant, victorieuse et forte, la République des Etats-Unis du Brésil, dont j'ai pris le gouvernement le 23 novembre 1891. Ma conscience me dit que, pour la soutenir, je n'ai épargné ni efforts, ni sacrifices. C'est à vous maintenant de complèter cette œuvre, et vous le ferez, certainement, de manière à honorer le mandat que la Nation vous a confié.

Je vous salue.

Rio de Janeiro, le 7 mai 1894.

FLORIANO PEIXOTO.

www.ingramcontent.com/pod-product-compliance
Lightning Source LLC
Chambersburg PA
CBHW060921050426
42453CB00010B/1853